MES PETITS DESSERTS LIGHT À LA yaourtière

Marie-Élodie Pape
Photographies de Fabrice Veigas

La CUISINE de D&T

Sommaire

Préparation

Repos

Cuisson

SEB
Multi delices
P1 yaourts express
P2 yaourts
P3 faisselles
P4 desserts lactés
P5 desserts moelleux
OK

Avec votre yaourtière Multi délices, retrouvez le plaisir des yaourts et desserts faits maison en version allégée !

Nous vous proposons dans ce livre 75 recettes light spécialement conçues pour votre yaourtière, avec peu de matière grasse et de sucre, mais toujours gourmandes : yaourt au lait écrémé, yaourt citron-basilic, yaourt à boire au lait de brebis et banane, skyr à la pomme granny, crème au café, flan à la vanille, gâteau au fromage blanc et framboises, marbré au chocolat et compote, moelleux orange-son d'avoine...

Préparez quelques ingrédients, répartissez-les dans les pots, lancez le programme et votre yaourtière fait tout le travail !

Quelques remarques avant de vous lancer :

- Les calories indicatives dans chaque recette sont données pour 1 pot.
- Les ingrédients sont donnés pour une yaourtière 6 pots. Pour une 12 pots, multipliez tout simplement les quantités indiquées par deux.
- Les recettes de yaourts sont la plupart du temps préconisées avec le **Programme 2** en 9 heures, mais vous pouvez aussi les réaliser avec le **Programme 1** (express) en 4 heures pour des yaourts moins fermes, ou au contraire le **Programme 2** en 12 heures pour des yaourts très fermes.

Les yaourts

Ingrédients

75 cl de lait écrémé 0 %

1 sachet de ferments lactiques (type Alsa®)

YAOURT
AU LAIT ÉCRÉMÉ

6 pots

5 MIN

9 H

4 H

43 KCAL

1. Dans un saladier, mélangez au fouet le lait et les ferments lactiques.

2. Installez les pots dans la yaourtière et répartissez-y la préparation. Fermez le couvercle de la yaourtière et lancez le **Programme 2** pour 9 h.

3. Une fois le programme terminé, posez les couvercles sur les pots. Placez les yaourts au réfrigérateur pour 4 h au minimum, afin qu'ils refroidissent et soient bien fermes.

Ingrédients

75 cl de lait demi-écrémé

1 yaourt nature écrémé 0 %

20 g de poudre de lait écrémé ou demi-écrémé

YAOURT
AU LAIT DEMI-ÉCRÉMÉ

6 pots

5 MIN

9 H

4 H

75 KCAL

1. Dans un saladier, mélangez au fouet le lait et le yaourt. Ajoutez la poudre de lait et mélangez bien.

2. Installez les pots dans la yaourtière et répartissez-y la préparation. Fermez le couvercle de la yaourtière et lancez le **Programme 2** pour 9 h.

3. Une fois le programme terminé, posez les couvercles sur les pots. Placez les yaourts au réfrigérateur pour 4 h au minimum, afin qu'ils refroidissent et soient bien fermes.

Ingrédients

75 cl de lait de brebis demi-écrémé

1 belle poignée de canneberges séchées

1 yaourt de brebis nature 0 %

YAOURT DE BREBIS ET CANNEBERGES

6 pots

5 MIN

9 H

4 H

83 KCAL

1. Dans un saladier, mélangez au fouet le lait et le yaourt de brebis.

2. Installez les pots dans la yaourtière. Répartissez les canneberges dans le fond des pots, puis versez la préparation par-dessus. Fermez le couvercle de la yaourtière et lancez le **Programme 2** pour 9 h.

3. Une fois le programme terminé, posez les couvercles sur les pots. Placez les yaourts au réfrigérateur pour 4 h au minimum, afin qu'ils refroidissent et soient bien fermes.

SEB
Multi delices
P1 yaourts express
P2 yaourts
P3 faisselles
P4 desserts lactés
P5 desserts moelleux
OK
+

Ingrédients

75 cl de boisson végétale au soja

1 citron jaune bio

1 yaourt de soja nature

5 c. à soupe de sirop d'agave

YAOURT DE SOJA ET CITRON

6 pots

10 MIN

9 H

5 H

109 KCAL

1. Prélevez les zestes du citron. Dans une casserole, faites chauffer la boisson végétale à feu doux. Ajoutez les zestes et laissez infuser 1 h.

2. Filtrez le lait pour retirer les zestes. Dans un saladier, mélangez le yaourt, le sirop d'agave et le lait parfumé.

3. Installez les pots dans la yaourtière et répartissez-y la préparation. Fermez le couvercle de la yaourtière et lancez le **Programme 2** pour 9 h.

4. Une fois le programme terminé, posez les couvercles sur les pots. Placez les yaourts au réfrigérateur pour 4 h au minimum, afin qu'ils refroidissent et soient bien fermes.

Ingrédients

1 gousse de vanille fendue et grattée

75 cl de lait écrémé 0 %

2 c. à soupe de sucre de canne (facultatif)

1 yaourt nature 0 %

20 g de poudre de lait

YAOURT À LA VANILLE

6 pots

15 MIN

9 H

4 H

72 KCAL

1. Dans une casserole, versez le lait, le sucre et les grains et la gousse de vanille. Portez à ébullition, puis laissez infuser hors du feu. Une fois le lait tiédi, retirez la gousse de vanille.

2. Dans un saladier, mélangez le lait parfumé avec le yaourt et la poudre de lait.

3. Installez les pots dans la yaourtière et répartissez-y la préparation. Fermez le couvercle de la yaourtière et lancez le **Programme 2** pour 9 h.

4. Une fois le programme terminé, posez les couvercles sur les pots. Placez les yaourts au réfrigérateur pour 4 h au minimum, afin qu'ils refroidissent et soient bien fermes.

Ingrédients

3 c. à soupe de sirop de pomme

1 pomme type granny smith
en lamelles (pour servir)

75 cl de lait écrémé 0 %

1 yaourt nature 0 %

20 g de poudre de lait

YAOURT
À LA POMME

6 pots

5 MIN

9 H

4 H

83 KCAL

1. Dans un saladier, mélangez le lait, le yaourt et la poudre de lait. Ajoutez le sirop de pomme et mélangez bien.

2. Installez les pots dans la yaourtière et répartissez-y la préparation. Fermez le couvercle de la yaourtière et lancez le **Programme 2** pour 9 h.

3. Une fois le programme terminé, posez les couvercles sur les pots. Placez les yaourts au réfrigérateur pour 4 h au minimum, afin qu'ils refroidissent et soient bien fermes.

4. Dégustez avec les lamelles de pomme.

Ingrédients

3 c. à soupe de graines de chia

75 cl de lait écrémé 0 %

3 c. à soupe de sirop d'agave

1 sachet de ferments lactiques (type Alsa®)

YAOURT AUX GRAINES DE CHIA

6 pots

15 MIN

9 H

4 H

105 KCAL

1. Dans une casserole, versez un tiers du lait et les graines de chia, puis faites chauffer à feu doux jusqu'à ce que les graines soient gonflées. Laissez tiédir.

2. Pendant ce temps, dans un saladier, versez le reste de lait, le sirop d'agave et les ferments lactiques et mélangez bien. Incorporez le lait aux graines de chia tiédi.

3. Installez les pots dans la yaourtière et répartissez-y la préparation. Fermez le couvercle de la yaourtière et lancez le **Programme 2** pour 9 h.

4. Une fois le programme terminé, posez les couvercles sur les pots. Placez les yaourts au réfrigérateur pour 4 h au minimum, afin qu'ils refroidissent et soient bien fermes.

Ingrédients

2 c. à soupe de sirop de fraise

2 c. à soupe de sirop de framboise

75 cl de lait écrémé 0 %

1 yaourt nature 0 %

20 g de poudre de lait

YAOURT FRAISE-FRAMBOISE

6 pots

5 MIN

9 H

4 H

83 KCAL

1. Dans un saladier, mélangez le lait, le yaourt et la poudre de lait. Ajoutez les sirops et mélangez bien.

2. Installez les pots dans la yaourtière et répartissez-y la préparation. Fermez le couvercle de la yaourtière et lancez le **Programme 2** pour 9 h.

3. Une fois le programme terminé, posez les couvercles sur les pots. Placez les yaourts au réfrigérateur pour 4 h au minimum, afin qu'ils refroidissent et soient bien fermes.

4. Vous pouvez déguster les yaourts avec un coulis de fruits rouges.

Ingrédients

5 c. à soupe de graines de sésame noir

75 cl de lait écrémé 0 %

1 yaourt nature 0 %

20 g de poudre de lait

YAOURT AU SÉSAME NOIR

6 pots

15 MIN

9 H

4 H

106 KCAL

1. Écrasez les graines de sésame au pilon ou dans un petit hachoir. Dans une casserole, versez le lait et le sésame, portez à ébullition, puis laissez refroidir. Une fois le lait tiédi, filtrez les graines de sésame.

2. Dans un saladier, versez le yaourt, le lait parfumé et la poudre de lait. Mélangez bien.

3. Installez les pots dans la yaourtière et répartissez-y la préparation. Fermez le couvercle de la yaourtière et lancez le **Programme 2** pour 9 h.

4. Une fois le programme terminé, posez les couvercles sur les pots. Placez les yaourts au réfrigérateur pour 4 h au minimum, afin qu'ils refroidissent et soient bien fermes.

Ingrédients

3 c. à soupe de sirop de coco

20 g de noix de coco râpée (pour servir)

75 cl de lait écrémé 0 %

1 yaourt nature 0 %

20 g de poudre de lait

YAOURT À LA NOIX DE COCO

6 pots

5 MIN

9 H

4 H

101 KCAL

1. Dans un saladier, mélangez le lait, le yaourt et la poudre de lait. Ajoutez le sirop de coco et mélangez bien.

2. Installez les pots dans la yaourtière et répartissez-y la préparation. Fermez le couvercle de la yaourtière et lancez le **Programme 2** pour 9 h.

3. Une fois le programme terminé, posez les couvercles sur les pots. Placez les yaourts au réfrigérateur pour 4 h au minimum, afin qu'ils refroidissent et soient bien fermes.

4. Au moment de servir, saupoudrez les yaourts de noix de coco râpée.

MONIN

Ingrédients

1 citron jaune bio

Quelques feuilles de basilic

75 cl de lait écrémé 0 %

2 c. à soupe de sucre de canne

1 yaourt nature 0 %

20 g de poudre de lait

YAOURT CITRON-BASILIC

6 pots

15 MIN

9 H

4 H

85 KCAL

1. Prélevez le zeste du citron. Dans une casserole, versez le lait, le sucre, le zeste de citron et le basilic. Portez à ébullition, puis laissez tiédir. Filtrez le lait pour retirer le basilic et les zestes de citron.

2. Dans un saladier, mélangez au fouet le yaourt, le lait parfumé et la poudre de lait.

3. Installez les pots dans la yaourtière et répartissez-y la préparation. Fermez le couvercle de la yaourtière et lancez le **Programme 2** pour 9 h.

4. Une fois le programme terminé, posez les couvercles sur les pots. Placez les yaourts au réfrigérateur pour 4 h au minimum, afin qu'ils refroidissent et soient bien fermes.

Ingrédients

3 c. à soupe de sirop d'abricot

1 abricot en lamelles
(pour servir)

75 cl de lait écrémé 0 %

1 yaourt nature 0 %

20 g de poudre de lait

YAOURT À L'ABRICOT

6 pots

5 MIN

9 H

4 H

89 KCAL

1. Dans un saladier, mélangez au fouet le lait, le yaourt et la poudre de lait. Ajoutez le sirop d'abricot et mélangez bien.

2. Installez les pots dans la yaourtière et répartissez-y la préparation. Fermez le couvercle de la yaourtière et lancez le **Programme 2** pour 9 h.

3. Une fois le programme terminé, posez les couvercles sur les pots. Placez les yaourts au réfrigérateur pour 4 h au minimum, afin qu'ils refroidissent et soient bien fermes.

4. Dégustez avec les lamelles d'abricot.

SEB
Multi delices
P1 yaourts express
P2 yaourts
P3 faisselles
P4 desserts lactés
P5 desserts moelleux
OK
-
+

YAOURT AU LAIT DE CHÈVRE, PÊCHE ET LAVANDE

6 pots

15 MIN

9 H

4 H

118 KCAL

Ingrédients

70 cl de lait de chèvre demi-écrémé

2 c. à soupe de sirop de pêche

2 c. à soupe de sirop de lavande

1 c. à café de fécule de maïs

1 yaourt de chèvre 0 %

1 sachet de ferments lactiques (type Alsa®)

1. Dans une casserole, diluez la fécule de maïs dans un peu de lait, puis versez le reste de lait et portez à ébullition. Laissez tiédir.

2. Dans un saladier, mélangez au fouet le lait tiédi avec le yaourt de chèvre et les ferments lactiques. Ajoutez les sirops et mélangez bien.

3. Installez les pots dans la yaourtière et répartissez-y la préparation. Fermez le couvercle de la yaourtière et lancez le **Programme 2** pour 9 h.

4. Une fois le programme terminé, posez les couvercles sur les pots. Placez les yaourts au réfrigérateur pour 4 h au minimum, afin qu'ils refroidissent et soient bien fermes.

Ingrédients

100 g de framboises

50 g de pistaches concassées

20 g de sucre

1 yaourt nature 0 %

70 cl de lait écrémé 0 %

20 g de poudre de lait

YAOURT SUR LIT FRAMBOISE-PISTACHE

6 pots

25 MIN

9 H

4 H

129 KCAL

1. Dans une casserole, faites compoter les framboises avec la cassonade pendant 20 min environ, jusqu'à qu'elles se détachent du fond de la casserole. Ajoutez les pistaches en fin de cuisson.

2. Pendant ce temps, dans un saladier, mélangez le yaourt avec le lait et la poudre de lait.

3. Installez les pots dans la yaourtière. Répartissez la compotée de framboise dans le fond des pots, puis versez la préparation par-dessus. Fermez le couvercle de la yaourtière et lancez le **Programme 2** pour 9 h.

4. Une fois le programme terminé, posez les couvercles sur les pots. Placez les yaourts au réfrigérateur pour 4 h au minimum, afin qu'ils refroidissent et soient bien fermes.

Astuce : *Vous pouvez décorer les yaourts de quelques pistaches concassées réservées.*

YAOURT SUR LIT DE FRUITS JAUNES

Ingrédients

200 g de fruits jaunes en morceaux (pêche, abricot)

20 g de cassonade

1 yaourt nature 0 %

70 cl de lait écrémé 0 %

20 g de poudre de lait

6 pots

25 MIN

9 H

4 H

89 KCAL

1. Dans une casserole, faites compoter les fruits jaunes avec la cassonade pendant 20 min environ, jusqu'à que les fruits se détachent du fond de la casserole.

2. Pendant ce temps, dans un saladier, mélangez le yaourt avec le lait et la poudre de lait.

3. Installez les pots dans la yaourtière. Répartissez la compotée de fruits dans le fond des pots, puis versez la préparation par-dessus. Fermez le couvercle de la yaourtière et lancez le **Programme 2** pour 9 h.

4. Une fois le programme terminé, posez les couvercles sur les pots. Placez les yaourts au réfrigérateur pour 4 h au minimum, afin qu'ils refroidissent et soient bien fermes.

Ingrédients

70 cl de lait de chèvre demi-écrémé

180 g de figues fraîches ou surgelées en morceaux

20 g de noix concassées

1 c. à café de fécule de maïs

1 yaourt de chèvre 0 %

1 sachet de ferments lactiques (type Alsa®)

YAOURT AU LAIT DE CHÈVRE SUR LIT FIGUE-NOIX

6 pots

15 MIN

9 H

4 H

95 KCAL

1. Dans une casserole, diluez la fécule de maïs dans un peu de lait, puis versez le reste de lait et portez à ébullition. Laissez tiédir.

2. Dans un saladier, mélangez au fouet le lait refroidi avec le yaourt de chèvre et les ferments lactiques.

3. Installez les pots dans la yaourtière. Répartissez les figues et les noix dans le fond des pots, puis versez la préparation par-dessus. Fermez le couvercle de la yaourtière et lancez le **Programme 2** pour 9 h.

4. Une fois le programme terminé, posez les couvercles sur les pots. Placez les yaourts au réfrigérateur pour 4 h au minimum, afin qu'ils refroidissent et soient bien fermes.

Ingrédients

250 g de fruits rouges en morceaux (framboises, myrtilles et groseilles)

20 g de cassonade

1 yaourt nature 0 %

70 cl de lait écrémé 0 %

20 g de poudre de lait

YAOURT SUR LIT DE FRUITS ROUGES

6 pots

25 MIN

9 H

4 H

95 KCAL

1. Dans une casserole, faites compoter les fruits rouges avec la cassonade pendant 20 min environ, jusqu'à que les fruits se détachent du fond de la casserole.

2. Pendant ce temps, dans un saladier, mélangez le yaourt avec le lait et la poudre de lait.

3. Installez les pots dans la yaourtière. Répartissez la compotée de fruits dans le fond des pots, puis versez la préparation par-dessus. Fermez le couvercle de la yaourtière et lancez le **Programme 2** pour 9 h.

4. Une fois le programme terminé, posez les couvercles sur les pots. Placez les yaourts au réfrigérateur pour 4 h au minimum, afin qu'ils refroidissent et soient bien fermes.

Ingrédients

2 bananes en morceaux

2 c. à café de curry

2 c. à soupe de sucre

10 g de beurre

1 yaourt nature 0 %

70 cl de lait écrémé 0 %

20 g de poudre de lait

YAOURT SUR LIT DE BANANE CARAMÉLISÉE AU CURRY

6 pots

25 MIN

9 H

4 H

125 KCAL

1. Écrasez grossièrement les bananes avec le sucre. Dans une poêle, faites-les caraméliser avec le beurre. Ajoutez le curry en fin de cuisson.

2. Pendant ce temps, dans un saladier, mélangez au fouet le yaourt avec le lait et la poudre de lait.

3. Installez les pots dans la yaourtière. Répartissez les bananes caramélisées dans le fond des pots, puis versez la préparation par-dessus. Fermez le couvercle de la yaourtière et lancez le **Programme 2** pour 9 h.

4. Une fois le programme terminé, posez les couvercles sur les pots. Placez les yaourts au réfrigérateur pour 4 h au minimum, afin qu'ils refroidissent et soient bien fermes.

YAOURT SUR LIT DE COMPOTE POMME-CANNELLE

6 pots

25 MIN

9 H

4 H

107 KCAL

Ingrédients

3 pommes épluchées en petits morceaux

1 c. à café de cannelle

1 c. à soupe de sucre complet

1 yaourt nature 0 %

75 cl de lait écrémé 0 %

20 g de poudre de lait

1. Dans une casserole, faites cuire les pommes pendant 5 min avec la cannelle et un peu d'eau. Ajoutez le sucre et laissez compoter puis caraméliser pendant 10 à 15 min. Ajoutez de l'eau si les fruits ne rendent pas de jus. Mixez la préparation pour obtenir une compote plus ou moins fine, selon vos goûts. Répartissez la préparation dans les pots et laissez refroidir.

2. Dans un saladier, mélangez au fouet le yaourt avec le lait et la poudre de lait.

3. Installez les pots dans la yaourtière. Répartissez la préparation dans les pots, par-dessus la compote. Fermez le couvercle de la yaourtière et lancez le **Programme 2** pour 9 h.

4. Une fois le programme terminé, posez les couvercles sur les pots. Placez les yaourts au réfrigérateur pour 4 h au minimum, afin qu'ils refroidissent et soient bien fermes.

SEB
Multi delices
OK

Ingrédients

3 poires épluchées en petits morceaux

2 c. à soupe de verveine fraîche ou séchée

1 c. à soupe de sucre complet

1 yaourt nature 0 %

75 cl de lait écrémé 0 %

20 g de poudre de lait

YAOURT SUR LIT DE COMPOTE POIRE-VERVEINE

6 pots

25 MIN

9 H

4 H

119 KCAL

1. Dans une casserole, faites cuire les poires pendant 5 min avec un fond d'eau. Ajoutez le sucre et la verveine et laissez compoter puis caraméliser pendant 10 à 15 min. Ajoutez de l'eau si les fruits ne rendent pas de jus. Mixez la préparation pour obtenir une compote plus ou moins fine, selon vos goûts. Répartissez la préparation dans les pots et laissez refroidir.

2. Dans un saladier, mélangez au fouet le yaourt avec le lait et la poudre de lait.

3. Installez les pots dans la yaourtière. Répartissez la préparation dans les pots, par-dessus la compote. Fermez le couvercle de la yaourtière et lancez le **Programme 2** pour 9 h.

4. Une fois le programme terminé, posez les couvercles sur les pots. Placez les yaourts au réfrigérateur pour 4 h au minimum, afin qu'ils refroidissent et soient bien fermes.

Ingrédients

2 pommes épluchées en petits morceaux

100 g d'abricots en morceaux

10 g de romarin

1 c. à soupe d'huile d'olive

1 c. à soupe de sucre complet

1 yaourt nature 0 %

75 cl de lait écrémé 0 %

20 g de poudre de lait

YAOURT SUR LIT DE COMPOTE, ABRICOT ET ROMARIN

6 pots

25 MIN

9 H

4 H

103 KCAL

1. Dans une casserole, faites revenir les pommes et les abricots avec l'huile d'olive pendant 5 min. Ajoutez le sucre et le romarin et laissez compoter puis caraméliser pendant 10 à 15 min. Ajoutez de l'eau si les fruits ne rendent pas de jus. Mixez la préparation pour obtenir une compote plus ou moins fine, selon vos goûts. Répartissez la préparation dans les pots et laissez refroidir.

2. Dans un saladier, mélangez au fouet le yaourt avec le lait et la poudre de lait.

3. Installez les pots dans la yaourtière. Répartissez la préparation dans les pots, par-dessus la compote. Fermez le couvercle de la yaourtière et lancez le **Programme 2** pour 9 h.

4. Une fois le programme terminé, posez les couvercles sur les pots. Placez les yaourts au réfrigérateur pour 4 h au minimum, afin qu'ils refroidissent et soient bien fermes.

OK
SEB
Multi delices

Les yaourts à boire et fromages blancs

Ingrédients

1 l de lait écrémé 0 %

1 yaourt nature 0 %

YAOURT À BOIRE NATURE

6 pots

5 MIN

6 H

4 H

65 KCAL

1. Dans un saladier, mélangez au fouet le yaourt et le lait.

2. Installez les petites bouteilles dans la yaourtière et répartissez-y la préparation. Fermez le couvercle de la yaourtière et lancez le **Programme 2** pour 6 h.

3. Une fois le programme terminé, posez les bouchons sur les bouteilles. Placez les yaourts au réfrigérateur pour 4 h au minimum, afin qu'ils refroidissent.

4. Secouez vigoureusement les yaourts avant de déguster.

Ingrédients

100 g d'abricots en morceaux

2 c. à soupe de cassonade

1 l de lait écrémé 0 %

1 yaourt nature 0 %

YAOURT À BOIRE À L'ABRICOT

6 pots

25 MIN

6 H

4 H

85 KCAL

1. Dans une casserole, faites chauffer les abricots et la cassonade, puis laissez-les compoter. Retirez du feu et mixez les abricots, puis ajoutez le lait et mixez de nouveau. Laissez tiédir.

2. Dans un saladier, mélangez le yaourt et le lait aux abricots refroidi.

3. Installez les petites bouteilles dans la yaourtière et répartissez-y la préparation. Fermez le couvercle de la yaourtière et lancez le **Programme 2** pour 6 h.

4. Une fois le programme terminé, posez les bouchons sur les bouteilles. Placez les yaourts au réfrigérateur pour 4 h au minimum, afin qu'ils refroidissent.

5. Secouez vigoureusement les yaourts avant de déguster.

SEB
Multi delices

YAOURT À BOIRE
AUX FRUITS ROUGES

Ingrédients

100 g de fruits rouges (fraises, framboises, myrtilles...)

2 c. à soupe de cassonade

1 l de lait écrémé 0 %

1 yaourt nature 0 %

6 pots

25 MIN

6 H

4 H

84 KCAL

1. Dans une casserole, faites compoter les fruits rouges et la cassonade. Retirez du feu et mixez les fruits rouges, puis ajoutez le lait et mixez de nouveau. Laissez tiédir.

2. Dans un saladier, mélangez le yaourt et le lait aux fruits rouges refroidi.

3. Installez les petites bouteilles dans la yaourtière et répartissez-y la préparation. Fermez le couvercle de la yaourtière et lancez le **Programme 2** pour 6 h.

4. Une fois le programme terminé, posez les bouchons sur les bouteilles. Placez les yaourts au réfrigérateur pour 4 h au minimum, afin qu'ils refroidissent.

5. Secouez vigoureusement les yaourts avant de déguster.

Ingrédients

3 c. à soupe de sirop de coco

1 yaourt nature 0 %

1 l de lait écrémé 0 %

YAOURT À BOIRE À LA NOIX DE COCO

6 pots

5 MIN

6 H

4 H

90 KCAL

1. Dans un saladier, mélangez le yaourt et le lait. Incorporez le sirop de coco.

2. Installez les petites bouteilles dans la yaourtière et répartissez-y la préparation. Fermez le couvercle de la yaourtière et lancez le **Programme 2** pour 6 h.

3. Une fois le programme terminé, posez les bouchons sur les bouteilles. Placez les yaourts au réfrigérateur pour 4 h au minimum, afin qu'ils refroidissent.

4. Secouez vigoureusement les yaourts avant de déguster.

Ingrédients

2 bananes

50 cl de lait de brebis

50 cl de lait écrémé 0 %

1 yaourt nature ou de brebis 0 %

YAOURT À BOIRE AU LAIT DE BREBIS ET BANANE

6 pots

15 MIN

6 H

4 H

116 KCAL

1. Écrasez les bananes à la fourchette jusqu'à obtenir une purée. Dans une casserole, faites chauffer les laits et les bananes écrasées, retirez du feu et mixez le tout. Laissez tiédir, puis ajoutez le yaourt et mélangez bien.

2. Installez les petites bouteilles dans la yaourtière et répartissez-y la préparation. Fermez le couvercle de la yaourtière et lancez le **Programme 2** pour 6 h.

3. Une fois le programme terminé, posez les bouchons sur les bouteilles. Placez les yaourts au réfrigérateur pour 4 h au minimum, afin qu'ils refroidissent.

4. Secouez vigoureusement les yaourts avant de déguster.

Ingrédients

80 cl de lait de brebis

6 c. à soupe de jus de citron

Quelques fruits rouges
(pour servir)

CAILLÉ DE BREBIS

6 pots

5 MIN

12 H

4 H

80 KCAL

1. Répartissez le lait de brebis dans les pots et ajoutez 1 c. à soupe de jus de citron dans chaque pot.

2. Installez les pots dans la yaourtière. Fermez le couvercle de la yaourtière et lancez le **Programme 2** pour 12 h.

3. Une fois le programme terminé, posez les couvercles sur les pots. Placez les caillés au réfrigérateur pour 4 h au minimum, afin qu'ils refroidissent et soient bien fermes.

4. Dégustez les caillés avec des fruits rouges.

Ingrédients

75 cl de lait demi-écrémé

1 faisselle nature 0 % (100 g)

5 gouttes de présure liquide
(en pharmacie)

3 c. à soupe de sirop d'agave
(pour servir)

FAISSELLE
AU SIROP D'AGAVE

6 pots

5 MIN

14 H

4 H 15

81 KCAL

1. Dans un saladier, mélangez le lait et la faisselle (y compris le petit-lait au fond de la faisselle). Ajoutez la présure et mélangez bien.

2. Installez les égouttoirs dans les pots et vérifiez qu'ils sont en position basse. Remplissez les pots à l'aide de la louche fournie avec l'appareil, sans dépasser les oreilles de préhension. Fermez le couvercle de la yaourtière et lancez le **Programme 3** pour 14 h.

3. Une fois le programme terminé, tournez les égouttoirs d'un quart de tour dans les pots pour les mettre en position égouttage. Laissez-les égoutter pendant 15 min, puis retirez le lactosérum (petit-lait). Placez au réfrigérateur pour 4 h au minimum pour stopper le caillage.

4. Servez les faisselles avec ½ c. à soupe de sirop d'agave.

Ingrédients

75 cl de lait de chèvre

3 c. à soupe de miel (pour servir)

15 g de pignons de pin

1 faisselle nature 0 % (100 g)

10 gouttes de présure liquide (en pharmacie)

FAISSELLE AU LAIT DE CHÈVRE, MIEL ET PIGNONS

6 pots

10 MIN

14 H

4 H 15

123 KCAL

1. Dans un saladier, mélangez le lait et la faisselle (y compris le petit-lait au fond de la faisselle). Ajoutez la présure et mélangez bien.

2. Installez les égouttoirs dans les pots et vérifiez qu'ils sont en position basse. Remplissez les pots à l'aide de la louche fournie avec l'appareil, sans dépasser les oreilles de préhension. Fermez le couvercle de la yaourtière et lancez le **Programme 3** pour 14 h.

3. Une fois le programme terminé, tournez les égouttoirs d'un quart de tour dans les pots pour les mettre en position égouttage. Laissez-les égoutter pendant 15 min, puis retirez le lactosérum (petit-lait). Placez au réfrigérateur pour 4 h au minimum pour stopper le caillage.

4. Au moment de servir, faites dorer les pignons de pin à sec dans une poêle. Servez les faisselles avec le miel et les pignons de pin.

Ingrédients

Quelques fruits rouges (pour servir)

100 g de fromage blanc frais 0 %

1 l de lait écrémé 0 %

1 c. à soupe de jus de citron

30 g de poudre de lait

FROMAGE BLANC AUX FRUITS ROUGES

6 pots

10 MIN

14 H

2 H 30

90 KCAL

1. Dans un saladier, mélangez au fouet le fromage blanc et un peu de lait. Une fois la préparation homogène, ajoutez le reste de lait. Ajoutez le jus de citron et la poudre de lait et mélangez bien.

2. Versez la préparation dans le moule à fromage blanc (ou un plat en verre qui rentre dans la yaourtière) et installez-le dans la yaourtière. Fermez le couvercle de la yaourtière et lancez le **Programme 3** pour 14 h.

3. Une fois le programme terminé, égouttez le fromage blanc en positionnant le bac dans le moule en position haute pendant 30 min. Placez-le au réfrigérateur pour 2 h au minimum.

4. Dégustez le fromage blanc avec les fruits rouges.

Ingrédients

Un peu de confiture d'orange (pour servir)

100 g de fromage blanc frais 0 %

70 cl de lait écrémé 0 %

1 c. à soupe de jus de citron

30 g de poudre de lait

3 cl de crème liquide légère

PETIT-SUISSE À LA CONFITURE D'ORANGE

6 pots

10 MIN

24 H

2 H 15

100 KCAL

1. Dans un saladier, mélangez le fromage blanc avec un peu de lait à l'aide d'une fourchette pour le transformer en une pâte bien lisse, puis ajoutez le reste du lait et mélangez jusqu'à obtenir une préparation homogène. Ajoutez le jus de citron et la poudre de lait et mélangez bien.

2. Installez les égouttoirs dans les pots et vérifiez qu'ils sont en position basse. Remplissez les pots à l'aide de la louche fournie avec l'appareil, sans dépasser les oreilles de préhension. Fermez le couvercle de la yaourtière et lancez le **Programme 3** pour 24 h.

3. Une fois le programme terminé, tournez les égouttoirs d'un quart de tour dans les pots pour les mettre en position égouttage. Laissez-les égoutter pendant 15 min, puis retirez le lactosérum (petit-lait). Tournez de nouveau les fromages dans les pots pour stopper l'égouttage. Démoulez-les dans un saladier et mélangez-les avec la crème liquide. Remplissez les pots de ce mélange et placez-les au réfrigérateur pour 2 h au minimum.

4. Servez avec de la confiture d'orange.

ORANGE DOUCE

Ingrédients

140 g de skyr

1 pomme type granny smith en lamelles (pour servir)

1 l de lait demi-écrémé

SKYR
À LA POMME GRANNY

6 pots

5 MIN

14 H

6 H

100 KCAL

1. Dans un saladier, mélangez le skyr et le lait jusqu'à obtenir une préparation homogène.

2. Versez la préparation dans le moule à fromage blanc (ou un plat en verre qui rentre dans la yaourtière) et installez-le dans la yaourtière. Fermez le couvercle de la yaourtière et lancez le **Programme 3** pour 14 h.

3. Une fois le programme terminé, égouttez le skyr en positionnant le bac dans le moule en position haute pendant 2 h (ou dans un linge humide positionné sur une passoire). Remplissez les pots de skyr et placez-les au réfrigérateur pour 4 h au minimum.

4. Dégustez le skyr avec les lamelles de pomme.

SEB
Multi delices
P1 yaourts express
P2 yaourts
P3 faisselles
P4 desserts lactés
P5 desserts moelleux
OK

Les crèmes

Ingrédients

240 g de chocolat noir 80 %

Quelques raisins secs, noisettes, pistaches, oranges confites (pour servir)

30 cl de crème liquide légère type fleurette

6 jaunes d'œufs

40 g de sucre de coco

30 cl de lait écrémé 0 %

CRÈME AU CHOCOLAT NOIR FAÇON MENDIANT

6 pots

15 MIN

35 MIN

2 H

385 KCAL

1. Dans un saladier, cassez le chocolat en morceaux. Dans une casserole, portez la crème à frémissement, puis versez-la sur le chocolat. Mélangez à la maryse jusqu'à obtenir un mélange homogène.

2. Dans un autre saladier, mélangez les jaunes d'œufs et le sucre de coco. Ajoutez la préparation précédente et mélangez bien. Incorporez le lait.

3. Remplissez la cuve de la yaourtière d'eau au maximum. Installez les pots et répartissez-y la préparation. Fermez le couvercle de la yaourtière et lancez le **Programme 4** pour 35 min.

4. Une fois le programme terminé, posez les couvercles sur les pots. Placez les crèmes au réfrigérateur pour 2 h au minimum, afin qu'elles refroidissent et soient bien fermes.

5. Au moment de servir, répartissez les fruits secs et confits en morceaux sur les crèmes.

CRÈME AU CAFÉ

Ingrédients

3 c. à soupe de café soluble (à ajuster selon les goûts)

35 cl de lait écrémé 0 %

2 œufs

30 g de stevia

35 cl de crème liquide légère type fleurette

6 pots

15 MIN

40 MIN

2 H

146 KCAL

1. Dans une casserole, faites chauffer le lait avec le café soluble et portez à frémissement. Laissez refroidir hors du feu.

2. Dans un saladier, mélangez les œufs et la stevia. Ajoutez la crème et le lait au café et mélangez bien.

3. Remplissez la cuve de la yaourtière d'eau au maximum. Installez les pots et répartissez-y la préparation. Fermez le couvercle de la yaourtière et lancez le **Programme 4** pour 40 min.

4. Une fois le programme terminé, posez les couvercles sur les pots. Placez les crèmes au réfrigérateur pour 2 h au minimum, afin qu'elles refroidissent et soient bien fermes.

Ingrédients

8 à 10 graines de cardamome

3 c. à soupe de graine de coriandre

¼ de c. à café de poivre

30 cl de lait écrémé 0 %

3 œufs

50 g de cassonade

25 cl de crème liquide légère type fleurette

CRÈME AUX TROIS ÉPICES

6 pots

15 MIN

45 MIN

2 H 30

132 KCAL

1. Dans une casserole, faites chauffer le lait avec les épices, puis laissez infuser 30 min hors du feu. Filtrez le mélange.

2. Dans un saladier, mélangez au fouet les œufs et la cassonade, puis ajoutez la crème et le lait tiédi. Mélangez bien.

3. Remplissez la cuve de la yaourtière d'eau au maximum. Installez les pots et répartissez-y la préparation. Fermez le couvercle de la yaourtière et lancez le **Programme 4** pour 45 min.

4. Une fois le programme terminé, posez les couvercles sur les pots. Placez les crèmes au réfrigérateur pour 2 h au minimum, afin qu'elles refroidissent et soient bien fermes.

Ingrédients

40 g de chocolat noir corsé (65 % de cacao minimum)

1 c. à soupe de pâte de wasabi (ou 10 g, à ajuster selon les goûts)

30 cl de crème liquide légère type fleurette

6 jaunes d'œufs

40 g de sucre de coco

30 cl de lait écrémé 0 %

CRÈME CHOCOLAT-WASABI

6 pots

15 MIN

35 MIN

2 H

214 KCAL

1. Dans un saladier, cassez le chocolat en morceaux. Dans une casserole, portez la crème à frémissement, puis versez-la sur le chocolat. Mélangez à la maryse jusqu'à obtenir un mélange homogène.

2. Dans un autre saladier, mélangez les jaunes d'œufs et le sucre de coco. Ajoutez la pâte de wasabi, puis la crème au chocolat et mélangez bien. Incorporez le lait.

3. Remplissez la cuve de la yaourtière d'eau au maximum. Installez les pots et répartissez-y la préparation. Fermez le couvercle de la yaourtière et lancez le **Programme 4** pour 35 min.

4. Une fois le programme terminé, posez les couvercles sur les pots. Placez les crèmes au réfrigérateur pour 2 h au minimum, afin qu'elles refroidissent et soient bien fermes.

S&B
TOKYO SINCE 1923
PREPARED WASABI
PASTE IN TUBE
WASABI
N°1 AU JAPON
PÂTE DE WASABI
Condiment japonais
à base de raifort
et de wasabi
A UTILISER COMME
UNE MOUTARDE FORTE
TUBE POIDS NET 43g

Ingrédients

1 fève tonka râpée

30 cl de lait écrémé 0 %

1 gousse de vanille fendue et grattée

40 g de miel

3 œufs

30 cl de crème liquide légère type fleurette

CRÈME
À LA FÈVE TONKA

6 pots

15 MIN

45 MIN

2 H 05

151 KCAL

1. Dans une casserole, faites chauffer le lait avec la gousse de vanille, le miel et la fève tonka râpée. Portez à ébullition, puis laissez infuser 5 min hors du feu. Retirez la gousse de vanille.

2. Dans un saladier, fouettez les œufs, puis ajoutez la crème et le lait tiédi. Mélangez bien.

3. Remplissez la cuve de la yaourtière d'eau au maximum. Installez les pots et répartissez-y la préparation. Fermez le couvercle de la yaourtière et lancez le **Programme 4** pour 45 min.

4. Une fois le programme terminé, posez les couvercles sur les pots. Placez les crèmes au réfrigérateur pour 2 h au minimum, afin qu'elles refroidissent et soient bien fermes.

Fève tonka
Tonka beans
Brésil

Ingrédients

1 pamplemousse bio

Le zeste de 1 citron vert bio

30 cl de lait écrémé 0 %

3 œufs

30 g de cassonade

25 cl de crème légère liquide type fleurette

CRÈME PAMPLEMOUSSE-CITRON VERT

6 pots

15 MIN

45 MIN

2 H

153 KCAL

1. Pressez le pamplemousse pour en extraire le jus (5 cl environ) et prélevez le zeste. Dans une casserole, faites chauffer le lait et ajoutez les zestes de citron vert et de pamplemousse. Laissez infuser hors du feu.

2. Dans un saladier, mélangez au fouet les œufs et la cassonade, puis ajoutez la crème, le jus du pamplemousse et le lait tiédi. Mélangez bien.

3. Remplissez la cuve de la yaourtière d'eau au maximum. Installez les pots et répartissez-y la préparation. Fermez le couvercle de la yaourtière et lancez le **Programme 4** pour 45 min.

4. Une fois le programme terminé, posez les couvercles sur les pots. Placez les crèmes au réfrigérateur pour 2 h au minimum, afin qu'elles refroidissent et soient bien fermes.

SEB
Multi delices
P1 yaourts express
P2 yaourts
P3 faisselles
OK
+

Ingrédients

5 cl de sirop de pomme verte

30 cl de lait écrémé 0 %

3 œufs

40 g de cassonade

30 cl crème légère liquide type fleurette

CRÈME À LA POMME VERTE

6 pots

10 MIN

45 MIN

2 H

182 KCAL

1. Dans une casserole, faites chauffer le lait à feu doux.

2. Dans un saladier, mélangez au fouet les œufs et la cassonade, puis ajoutez la crème, le sirop et le lait tiédi. Mélangez bien.

3. Remplissez la cuve de la yaourtière d'eau au maximum. Installez les pots et répartissez-y la préparation. Fermez le couvercle de la yaourtière et lancez le **Programme 4** pour 45 min.

4. Une fois le programme terminé, posez les couvercles sur les pots. Placez les crèmes au réfrigérateur pour 2 h au minimum, afin qu'elles refroidissent et soient bien fermes.

Ingrédients

Quelques branches de thym

Le zeste de 1 citron jaune bio

30 cl de lait écrémé 0 %

3 œufs

30 g de sucre complet

30 cl de crème liquide légère type fleurette

10 cl de jus de citron

CRÈME THYM-CITRON

6 pots

15 MIN

45 MIN

2 H

155 KCAL

1. Dans une casserole, faites chauffer le lait et ajoutez les zestes de citron et le thym. Portez à frémissement, puis laissez infuser hors du feu. Filtrez pour enlever le thym (et le zeste si vous préférez un yaourt lisse).

2. Dans un saladier, mélangez au fouet les œufs et le sucre, puis ajoutez la crème, le lait tiédi et le jus de citron. Mélangez bien.

3. Remplissez la cuve de la yaourtière d'eau au maximum. Installez les pots et répartissez-y la préparation. Fermez le couvercle de la yaourtière et lancez le **Programme 4** pour 45 min.

4. Une fois le programme terminé, posez les couvercles sur les pots. Placez les crèmes au réfrigérateur pour 2 h au minimum, afin qu'elles refroidissent et soient bien fermes.

Ingrédients

¾ de c. à soupe de thé au jasmin

30 cl de lait écrémé 0 %

3 œufs

4 c. à soupe de sirop d'agave

30 cl de crème liquide légère type fleurette

CRÈME AU THÉ JASMIN

6 pots

15 MIN

45 MIN

2 H 05

173 KCAL

1. Dans une casserole, portez le lait à ébullition, puis ajoutez le thé. Couvrez et laissez infuser 5 min hors du feu.

2. Dans un saladier, mélangez au fouet les œufs et le sirop d'agave, puis ajoutez la crème et le lait tiédi.

3. Remplissez la cuve de la yaourtière d'eau au maximum. Installez les pots et répartissez-y la préparation. Fermez le couvercle de la yaourtière et lancez le **Programme 4** pour 45 min.

4. Une fois le programme terminé, posez les couvercles sur les pots. Placez les crèmes au réfrigérateur pour 2 h au minimum, afin qu'elles refroidissent et soient bien fermes.

Ingrédients

1 c. à café d'extrait de vanille

60 cl de lait écrémé 0 %

3 œufs

40 g de sucre

1 sachet de sucre vanillé

CRÈME AUX ŒUFS À LA VANILLE

6 pots

15 MIN

40 MIN

2 H

100 KCAL

1. Dans une casserole, faites chauffer le lait à feu doux.

2. Dans un saladier, mélangez au fouet les œufs, les sucres et l'extrait de vanille. Versez le lait chaud en plusieurs fois sur la préparation, sans cesser de remuer.

3. Remplissez la cuve de la yaourtière d'eau au maximum. Installez les pots et répartissez-y la préparation. Fermez le couvercle de la yaourtière et lancez le **Programme 4** pour 40 min.

4. Une fois le programme terminé, posez les couvercles sur les pots. Placez les crèmes au réfrigérateur pour 2 h au minimum, afin qu'elles refroidissent et soient bien fermes.

Ingrédients

10 cl de lait écrémé 0 %

1 gousse de vanille fendue et grattée

2 œufs entiers + 2 jaunes

35 g de sirop d'agave

60 cl de crème liquide légère type fleurette

Cassonade (pour caraméliser)

CRÈME BRÛLÉE

6 pots

15 MIN

40 MIN

2 H 20

231 KCAL

1. Dans une casserole, faites chauffer le lait avec la gousse de vanille. Laissez infuser 20 min hors du feu, puis retirez la gousse de vanille.

2. Dans un saladier, mélangez les œufs, les jaunes et le sirop d'agave. Ajoutez la crème, le lait infusé et mélangez bien.

3. Remplissez la cuve de la yaourtière d'eau au maximum. Installez les pots et répartissez-y la préparation. Fermez le couvercle de la yaourtière et lancez le **Programme 4** pour 40 min.

4. Une fois le programme terminé, posez les couvercles sur les pots. Placez les crèmes au réfrigérateur pour 2 h au minimum, afin qu'elles refroidissent et soient bien fermes.

5. Au moment de servir, saupoudrez de cassonade et caramélisez sous le gril du four ou au chalumeau.

Ingrédients

2 oranges bio

10 cl de lait écrémé 0 %

2 œufs entiers + 2 jaunes

35 g de sirop d'agave

60 cl de crème liquide légère type fleurette

Cassonade (pour caraméliser)

CRÈME BRÛLÉE À L'ORANGE

6 pots

20 MIN

50 MIN

2 H 20

246 KCAL

1. Prélevez le zeste des oranges. Pressez 1 orange et prélevez les suprêmes de la seconde. Dans une casserole, portez à ébullition le lait avec les zestes d'orange, puis laissez infuser 20 min hors du feu. Filtrez les zestes si vous préférez une crème lisse.

2. Dans un saladier, mélangez les œufs, les jaunes et le sirop d'agave. Ajoutez la crème, le lait infusé, le jus d'orange et les suprêmes, puis mélangez bien.

3. Remplissez la cuve de la yaourtière d'eau au maximum. Installez les pots et répartissez-y la préparation. Fermez le couvercle de la yaourtière et lancez le **Programme 4** pour 50 min.

4. Une fois le programme terminé, posez les couvercles sur les pots. Placez les crèmes au réfrigérateur pour 2 h au minimum, afin qu'elles refroidissent et soient bien fermes.

5. Au moment de servir, saupoudrez de cassonade et caramélisez sous le gril du four ou au chalumeau.

Ingrédients

200 g de cerises dénoyautées fraîches ou surgelées

2 blancs d'œufs (environ 65 g)

50 g de stevia

45 cl de crème liquide légère type fleurette

1 gousse de vanille fendue et grattée

Le jus de ½ citron

PANNA COTTA À LA CERISE

6 pots

20 MIN

30 MIN

2 H

180 KCAL

1. Dans un saladier, battez légèrement les blancs d'œufs avec 15 g de stevia (ils ne doivent pas être battus en neige, juste mélangés). Ajoutez la crème et les grains de vanille et mélangez jusqu'à obtenir une préparation homogène.

2. Remplissez la cuve de la yaourtière d'eau au maximum. Installez les pots et répartissez-y la préparation jusqu'aux deux tiers. Fermez le couvercle de la yaourtière et lancez le **Programme 4** pour 30 min.

3. Pendant ce temps, dans une casserole à fond épais, placez les cerises, 35 g de stevia, 5 cl d'eau et le jus de citron. Faites cuire à feu doux en remuant régulièrement, jusqu'à ce que la préparation se détache du fond de la casserole. Mixez plus ou moins grossièrement et réservez.

4. Une fois le programme terminé, laissez les panna cotta refroidir, puis déposez le coulis par-dessus et posez les couvercles sur les pots. Placez-les au réfrigérateur pour 2 h au minimum, afin qu'elles refroidissent.

SEB
OK

Ingrédients

200 g de mangue fraîche en morceaux

2 blancs d'œufs (environ 65 g)

50 g de stevia

45 cl de crème liquide légère type fleurette

1 gousse de vanille fendue et grattée

Le jus de ½ citron

PANNA COTTA À LA MANGUE

6 pots

20 MIN

30 MIN

2 H

177 KCAL

1. Dans un saladier, battez légèrement les blancs d'œufs avec 15 g de stevia (ils ne doivent pas être battus en neige, juste mélangés). Ajoutez la crème et les grains de vanille et mélangez jusqu'à obtenir une préparation homogène.

2. Remplissez la cuve de la yaourtière d'eau au maximum. Installez les pots et répartissez-y la préparation jusqu'aux deux tiers. Fermez le couvercle de la yaourtière et lancez le **Programme 4** pour 30 min.

3. Pendant ce temps, dans une casserole à fond épais, placez la mangue, 35 g de stevia, 5 cl d'eau et le jus de citron. Faites cuire à feu doux en remuant régulièrement, jusqu'à ce que la préparation se détache du fond de la casserole. Réservez.

4. Une fois le programme terminé, laissez les panna cotta refroidir, puis répartissez la compotée par-dessus et posez les couvercles sur les pots. Placez-les au réfrigérateur pour 2 h au minimum, afin qu'elles refroidissent.

Ingrédients

120 g de riz rond

1 belle poignée de raisins secs

65 cl de boisson végétale à l'avoine

30 g de sirop d'agave

1 gousse de vanille fendue et grattée

RIZ AU LAIT ET RAISINS SECS

6 pots

15 MIN

50 MIN

140 KCAL

1. Dans une casserole, faites chauffer la boisson végétale, le sirop d'agave et la gousse de vanille à feu doux. Laissez cuire 5 min tout en mélangeant, jusqu'à ce que le sirop soit bien absorbé. Retirez la gousse de vanille.

2. Installez les pots dans la yaourtière, puis répartissez dans chacun 20 g de riz et des raisins secs. Versez le lait vanillé jusqu'à 1 cm du bord. Fermez le couvercle de la yaourtière et lancez le **Programme 4** pour 50 min.

3. Une fois le programme terminé, mélangez le contenu de chaque pot afin que le riz s'imprègne bien du liquide et laissez refroidir à température ambiante. Mélangez à nouveau, puis réservez au frais jusqu'au moment de servir.

SEMOULE AU LAIT À LA FLEUR D'ORANGER

6 pots

20 MIN

25 MIN

2 H 05

210 KCAL

Ingrédients

3 c. à soupe d'eau de fleur d'oranger (à ajuster selon les goûts)

100 g de semoule fine

65 cl de lait écrémé 0 %

20 cl de crème liquide légère type fleurette

1 gousse de vanille fendue et grattée

60 g de cassonade

2 œufs

1. Dans une casserole, faites chauffer le lait et la crème avec la fleur d'oranger et la gousse de vanille. Laissez infuser 5 min hors du feu. Retirez la gousse de vanille. Faites chauffer à nouveau pendant 5 min environ à feu doux, en ajoutant la semoule et la cassonade petit à petit et en remuant délicatement. Réservez hors du feu.

2. Dans un saladier, fouettez les œufs, puis incorporez le mélange précédent.

3. Remplissez la cuve de la yaourtière d'eau au maximum. Installez les pots et répartissez-y la préparation. Fermez le couvercle de la yaourtière et lancez le **Programme 4** pour 25 min.

4. Une fois le programme terminé, posez les couvercles sur les pots. Placez les semoules au réfrigérateur pour 2 h au minimum, afin qu'elles refroidissent.

5. Dégustez les semoules froides ou tièdes, en mélangeant le contenu du pot si vous le souhaitez.

Ingrédients

1 gousse de vanille fendue et grattée

45 cl de lait écrémé 0 %

15 cl de crème liquide légère type fleurette

3 œufs

60 g de sirop d'agave

60 g de fécule de maïs

FLAN À LA VANILLE

6 pots

15 MIN

30 MIN

2 H

165 KCAL

1. Dans une casserole, faites chauffer le lait, la crème et la gousse de vanille. Retirez la gousse de vanille et réservez.

2. Pendant ce temps, dans un saladier, mélangez au fouet les œufs et le sirop d'agave. Ajoutez la fécule de maïs, puis versez petit à petit le lait infusé sans cesser de remuer.

3. Remplissez la cuve de la yaourtière d'eau au maximum. Installez les pots et répartissez-y la préparation. Fermez le couvercle de la yaourtière et lancez le **Programme 4** pour 30 min.

4. Une fois le programme terminé, posez les couvercles sur les pots. Placez les flans au réfrigérateur pour 2 h au minimum, afin qu'ils refroidissent et soient bien fermes.

seb
Multi delices
OK

Les petits gâteaux

Ingrédients

1 citron vert bio

120 g de palets bretons

25 g de beurre fondu

300 g de fromage frais light (type Philadelphia®)

30 g de cassonade

10 g de farine

1 œuf entier + 1 jaune

40 g de crème fraîche épaisse légère

CHEESECAKE AU CITRON VERT

6 pots

10 MIN

25 MIN

3 H

267 KCAL

1. Dans un saladier, réduisez les palets bretons en poudre, puis ajoutez le beurre fondu et mélangez bien. Tapissez le fond des pots de cette préparation et réservez 1 h au réfrigérateur au minimum.

2. Prélevez le zeste et le jus du citron vert. Battez le fromage frais au fouet pour l'assouplir, puis ajoutez la cassonade, la farine, l'œuf, le jaune et la crème. Incorporez le jus et le zeste du citron vert. Versez ce mélange dans les pots jusqu'à 1,5 cm du bord.

3. Remplissez la cuve de la yaourtière d'eau au maximum et installez les pots. Fermez le couvercle de la yaourtière et lancez le **Programme 4** pour 25 min.

4. Une fois le programme terminé, la surface des cheesecakes doit être molle. Laissez-les refroidir à température ambiante, puis placez-les au réfrigérateur pour 2 h au minimum.

Ingrédients

100 g de fruits rouges

20 g de cassonade

100 g de spéculoos

35 g de beurre fondu

250 g de fromage frais light (type Philadelphia®)

30 g de sucre

10 g de farine

Le zeste de 1 citron jaune bio

1 c. à café d'extrait de vanille liquide

1 œuf entier + 1 jaune

50 g de crème fraîche épaisse légère

CHEESECAKE AUX FRUITS ROUGES

6 pots

20 MIN

25 MIN

3 H

268 KCAL

1. Dans une casserole, faites compoter les fruits avec la cassonade et un fond d'eau pendant 10 min environ.

2. Pendant ce temps, dans un saladier, réduisez les spéculoos en poudre, puis ajoutez le beurre fondu et mélangez bien. Tapissez le fond des pots de cette préparation et réservez 1 h au réfrigérateur au minimum.

3. Dans un second saladier, battez le fromage frais au fouet pour l'assouplir, puis ajoutez le sucre, la farine, le zeste de citron, l'extrait de vanille, l'œuf, le jaune et la crème. Mélangez bien.

4. Répartissez la compotée de fruits rouges dans les pots, puis versez le mélange crémeux par-dessus jusqu'à 1,5 cm du bord. Remplissez la cuve de la yaourtière d'eau au maximum et installez les pots. Fermez le couvercle de la yaourtière et lancez le **Programme 4** pour 25 min.

5. Une fois le programme terminé, la surface des cheesecakes doit être molle. Laissez-les refroidir à température ambiante, puis placez-les au réfrigérateur pour 2 h au minimum.

Ingrédients

2 pommes épluchées en dés

½ fenouil en dés

60 g de sucre

100 g de petits-beurre

35 g de beurre fondu

250 g de fromage frais light (type Philadelphia®)

10 g de farine

Le zeste de 1 citron jaune bio

1 c. à café d'extrait de vanille liquide

1 œuf entier + 1 jaune

50 g de crème fraîche épaisse légère

CHEESECAKE POMME-FENOUIL

6 pots

20 MIN

25 MIN

3 H

288 KCAL

1. Dans une casserole, faites compoter les pommes et le fenouil avec 30 g de sucre et un fond d'eau pendant 10 min environ.

2. Pendant ce temps, dans un saladier, réduisez les biscuits en poudre, puis ajoutez le beurre fondu et mélangez bien. Tapissez le fond des pots de cette préparation et réservez 1 h au réfrigérateur au minimum.

3. Dans un second saladier, battez le fromage frais au fouet pour l'assouplir, puis ajoutez 30 g de sucre, la farine, le zeste de citron, l'extrait de vanille, l'œuf, le jaune et la crème. Mélangez bien.

4. Répartissez la compotée de pommes dans les pots, puis versez le mélange crémeux par-dessus jusqu'à 1,5 cm du bord. Remplissez la cuve de la yaourtière d'eau au maximum et installez les pots. Fermez le couvercle de la yaourtière et lancez le **Programme 4** pour 25 min.

5. Une fois le programme terminé, la surface des cheesecakes doit être molle. Laissez-les refroidir à température ambiante, puis placez-les au réfrigérateur pour 2 h au minimum.

Ingrédients

100 g de framboises

250 g de fromage frais light (type Philadelphia®)

40 g de sucre de canne

10 g de farine

Le zeste de 1 citron bio

1 c. à café d'extrait de vanille liquide

1 œuf entier + 1 jaune

50 g de crème fraîche épaisse légère

GÂTEAU AU FROMAGE FRAIS ET FRAMBOISES

6 pots

10 MIN

30 MIN

2 H

141 KCAL

1. Dans un saladier, battez le fromage frais au fouet pour l'assouplir, puis ajoutez le sucre, la farine, le zeste de citron, l'extrait de vanille, l'œuf, le jaune et la crème. Mélangez bien. Incorporez délicatement les framboises à la maryse pour ne pas les écraser (vous pouvez en réserver quelques unes pour le décor).

2. Remplissez la cuve de la yaourtière d'eau au maximum. Installez les pots préalablement beurrés et répartissez-y la préparation jusqu'à 1,5 cm du bord. Fermez le couvercle de la yaourtière et lancez le **Programme 4** pour 30 min.

3. Une fois le programme terminé, la surface des gâteaux doit être molle. Laissez-les refroidir à température ambiante, puis placez-les au réfrigérateur pour 2 h au minimum.

Ingrédients

150 g de mirabelles fraîches ou surgelées coupées en 2

20 g d'amandes effilées (pour servir)

3 œufs

40 g de stevia

100 g de farine

1 pincée de sel

20 cl de lait écrémé 0 %

10 cl de lait d'amande

CLAFOUTIS MIRABELLE-AMANDE

6 pots

10 MIN

40 MIN

2 H

166 KCAL

1. Dans un saladier, mélangez au fouet les œufs et la stevia. Ajoutez la farine et le sel, mélangez bien, puis ajoutez les laits et les mirabelles.

2. Remplissez la cuve de la yaourtière d'eau au maximum. Installez les pots et répartissez-y la préparation. Fermez le couvercle de la yaourtière et lancez le **Programme 4** pour 40 min.

3. Une fois le programme terminé, posez les couvercles sur les pots. Placez les clafoutis au réfrigérateur pour 2 h, afin qu'ils refroidissent. Vous pouvez également les déguster tièdes.

4. Au moment de servir, saupoudrez les clafoutis des amandes effilées dorées à sec à la poêle.

Ingrédients

75 g de fraises en morceaux

75 g de rhubarbe fraîche ou surgelée en petits tronçons

3 œufs

40 g de stevia

100 g de farine

1 pincée de sel

30 cl de lait écrémé 0 %

CLAFOUTIS FRAISE-RHUBARBE

6 pots

10 MIN

40 MIN

2 H

137 KCAL

1. Dans un saladier, mélangez au fouet les œufs et la stevia. Ajoutez la farine et le sel, mélangez bien, puis ajoutez le lait, les fraises et la rhubarbe.

2. Remplissez la cuve de la yaourtière d'eau au maximum. Installez les pots et répartissez-y la préparation. Fermez le couvercle de la yaourtière et lancez le **Programme 4** pour 40 min.

3. Une fois le programme terminé, posez les couvercles sur les pots. Placez les clafoutis au réfrigérateur pour 2 h, afin qu'ils refroidissent. Vous pouvez également les déguster tièdes.

Ingrédients

2 pommes épluchées en dés

2 œufs

30 g de stevia

125 g de farine

50 cl de lait écrémé 0 %

FAR BRETON
AUX POMMES

6 pots

10 MIN

50 MIN

2 H

163 KCAL

1. Dans un saladier, battez les œufs avec la stevia. Ajoutez la farine, puis creusez un puit et incorporez petit à petit le lait avec un fouet pour éviter les grumeaux.

2. Beurrez les pots et répartissez-y les pommes. Versez la préparation aux œufs au-dessus.

3. Remplissez la cuve de la yaourtière d'eau au maximum et installez les pots. Fermez le couvercle de la yaourtière et lancez le **Programme 4** pour 50 min.

4. Une fois le programme terminé, posez les couvercles sur les pots. Placez les fars au réfrigérateur pour 2 h, afin qu'ils refroidissent. Vous pouvez également les déguster tièdes.

Astuce : *Vous pouvez précuire les pommes à la poêle avec un peu de matière grasse.*

MINI-CAKE CITRON-HUILE D'OLIVE

6 pots

10 MIN

45 MIN

262 KCAL

Ingrédients

Le zeste de 1 citron bio

25 g d'huile d'olive

80 g de cassonade

2 œufs

20 cl de crème liquide légère type fleurette

35 g de farine de riz

90 g de farine

½ sachet de levure chimique

15 g d'huile neutre

½ c. à café de fève tonka râpée

1. Dans un saladier, mélangez au fouet la cassonade et les œufs. Ajoutez la crème et mélangez. Incorporez les farines et la levure, puis les huiles. Ajoutez le zeste de citron et la fève tonka râpée

2. Remplissez la cuve de la yaourtière d'eau au maximum. Installez les pots préalablement beurrés et répartissez-y la préparation jusqu'aux deux tiers. Fermez le couvercle de la yaourtière et lancez le **Programme 5** pour 45 min.

3. Laissez refroidir avant de démouler.

Ingrédients

1 citron bio

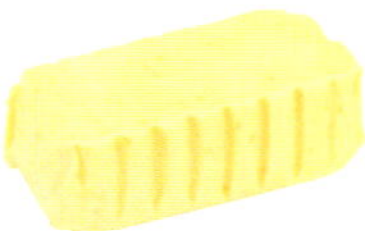

120 g de beurre à température ambiante

75 g de sirop d'agave

2 œufs

120 g de farine

½ sachet de levure chimique

1 pincée de sel

SPONGE CAKE AU CITRON

6 pots

10 MIN

35 MIN

279 KCAL

1. Prélevez le zeste et le jus du citron. Dans un saladier, mélangez au fouet le beurre et le sirop d'agave. Lorsque le mélange est mousseux, incorporez les œufs, puis ajoutez la farine, la levure, le sel, le jus et les zestes de citron. Mélangez jusqu'à obtenir une préparation homogène.

2. Remplissez la cuve de la yaourtière d'eau au maximum. Installez les pots préalablement beurrés et répartissez-y la préparation. Fermez le couvercle de la yaourtière et lancez le **Programme 5** pour 35 min.

3. Vous pouvez déguster les sponge cakes avec du jus de citron.

Ingrédients

4 c. à café d'épices à pain d'épices

12 cl de lait écrémé 0 %

70 g de miel de fleurs

65 g de sirop d'agave

75 g de beurre

225 g de farine

9 g de bicarbonate de soude

PAIN D'ÉPICES

6 pots

15 MIN

40 MIN

24 À 48 H

220 KCAL

1. Dans une casserole, faites chauffer le lait, le miel, le sirop d'agave et le beurre. Laissez tiédir.

2. Dans un saladier, mélangez la farine, le bicarbonate et les épices. Incorporez le mélange précédent.

3. Remplissez la cuve de la yaourtière d'eau au maximum. Installez les pots préalablement beurrés et répartissez-y la préparation. Fermez le couvercle de la yaourtière et lancez le **Programme 5** pour 40 min.

4. Laissez refroidir avant de démouler. Dans l'idéal, attendez 24 à 48 h avant de déguster afin que les épices se diffusent.

MOELLEUX
FAÇON BROWNIE

Ingrédients

150 g de chocolat noir 80 % en morceaux

70 g de noix de pécan concassées

190 g de tofu soyeux

150 g de farine

25 g de fécule de maïs

20 cl de lait de soja

50 g de sucre de canne

25 g de stevia

20 g de cacao amer

2 g de bicarbonate de soude

6 pots

10 MIN

30 MIN

390 KCAL

1. Faites fondre le chocolat au bain-marie.

2. Dans un saladier, fouettez le tofu pour l'assouplir. Incorporez le chocolat fondu et mélangez bien. Ajoutez la farine, la fécule de maïs, le lait de soja, le sucre de canne, la stevia, le cacao et le bicarbonate de soude. Incorporez les noix de pécan.

3. Remplissez la cuve de la yaourtière d'eau au maximum. Installez les pots préalablement beurrés et répartissez-y la préparation. Fermez le couvercle de la yaourtière et lancez le **Programme 5** pour 30 min.

4. Laissez refroidir avant de démouler.

Ingrédients

60 g de chocolat noir grossièrement concassé

100 g de courgette

110 g de farine

30 g de fécule de maïs

1 pincée de sel

½ c. à café de levure chimique

1 pincée de bicarbonate de soude

1 œuf

40 g de sucre complet

50 g d'huile neutre

70 g de yaourt nature 0 %

MUFFIN CHOCOLAT-COURGETTE

6 pots

15 MIN

35 MIN

255 KCAL

1. Râpez finement la courgette et mettez-la à égoutter dans une passoire

2. Dans un saladier, mélangez la farine, la fécule de maïs, le sel, la levure et le bicarbonate de soude.

3. Dans un second saladier, fouettez l'œuf avec le sucre complet, puis incorporez l'huile et le yaourt. Ajoutez le mélange sec en plusieurs fois pour éviter les grumeaux. Incorporez les courgettes égouttées et le chocolat concassé.

4. Remplissez la cuve de la yaourtière d'eau au maximum. Installez les pots préalablement beurrés et répartissez-y la préparation. Fermez le couvercle de la yaourtière et lancez le **Programme 5** pour 35 min.

5. Laissez refroidir avant de démouler.

Ingrédients

60 g de noix de coco râpée

70 g d'huile de coco

2 petits œufs

50 g de sucre de coco

20 g de stevia

100 g de farine

½ sachet de levure chimique

3 c. à soupe de lait écrémé 0 %

MUFFIN À LA NOIX DE COCO

6 pots

10 MIN

40 MIN

285 KCAL

1. Faites fondre l'huile de coco pour la rendre liquide et réservez. Dans un saladier, fouettez les œufs avec le sucre de coco et la stevia. Ajoutez la farine, la levure, l'huile de coco et le lait, puis la noix de coco râpée.

2. Remplissez la cuve de la yaourtière d'eau au maximum. Installez les pots préalablement beurrés et répartissez-y la préparation. Fermez le couvercle de la yaourtière et lancez le **Programme 5** pour 40 min.

3. Laissez refroidir avant de démouler.

Ingrédients

100 g de patate douce épluchée en morceaux

3 c. à soupe de miel (environ 40 g)

1 c. à café de mélange quatre-épices

100 g de farine

½ sachet de levure chimique

2 petits œufs

7 cl de lait écrémé 0 %

60 g de beurre fondu

MUFFIN À LA PATATE DOUCE, MIEL ET ÉPICES

6 pots

30 MIN

40 MIN

195 KCAL

1. Faites cuire la patate douce dans un grand volume d'eau pendant une vingtaine de minutes. Écrasez-la avec la farine, la levure et les épices.

2. Dans un saladier, fouettez les œufs avec le miel, le lait et le beurre. Incorporez le mélange précédent.

3. Remplissez la cuve de la yaourtière d'eau au maximum. Installez les pots préalablement beurrés et répartissez-y la préparation. Fermez le couvercle de la yaourtière et lancez le **Programme 5** pour 40 min.

4. Laissez refroidir avant de démouler.

Ingrédients

2 bananes bien mûres

75 g de dattes dénoyautées en morceaux

2 petits œufs

100 g de compote de pomme sans sucre ajouté

3 cl d'huile de tournesol

150 g de farine

1 sachet de levure chimique

1 pincée de sel

MUFFIN BANANE-DATTE

6 pots

10 MIN

45 MIN

230 KCAL

1. Dans un saladier, fouettez les œufs et la compote. Ajoutez les bananes écrasées, puis incorporez l'huile, la farine, la levure et le sel. Ajoutez les dattes.

2. Remplissez la cuve de la yaourtière d'eau au maximum. Installez les pots préalablement beurrés et répartissez-y la préparation jusqu'à la moitié. Fermez le couvercle de la yaourtière et lancez le **Programme 5** pour 45 min.

3. Laissez refroidir avant de démouler.

MARBRÉ
CHOCOLAT-COMPOTE

6 pots

15 MIN

30 MIN

170 KCAL

Ingrédients

2 c. à soupe de cacao non sucré (type Van Houten®)

130 g de compote de pomme sans sucre ajouté

2 œufs

75 g de sirop d'agave

6 cl de lait écrémé 0 %

150 g de farine

½ sachet de levure chimique

½ sachet de sucre vanillé

1. Dans un saladier, fouettez les œufs avec le sirop d'agave, 4 cl de lait et la compote. Ajoutez la farine et la levure, puis mélangez jusqu'à obtenir une préparation homogène.

2. Séparez la pâte en deux : dans la première moitié ajoutez le cacao en poudre et le reste de lait et dans la deuxième moitié le sucre vanillé. Répartissez les deux pâtes en les alternant dans les pots préalablement beurrés jusqu'à la moitié.

3. Remplissez la cuve de la yaourtière d'eau au maximum et installez les pots. Fermez le couvercle de la yaourtière et lancez le **Programme 5** pour 30 min.

4. Laissez refroidir avant de démouler.

Ingrédients

200 g de chocolat noir en morceaux

150 g de compote de pomme sans sucre ajouté

3 œufs

40 g de sucre complet

50 g de farine

1 pincée de fleur de sel

FONDANT CHOCOLAT-COMPOTE

6 pots

10 MIN

25 MIN

286 KCAL

1. Faites fondre le chocolat au bain-marie. Dans un saladier, fouettez les œufs et le sucre complet. Incorporez le chocolat fondu, puis la compote, la farine et la fleur de sel.

2. Remplissez la cuve de la yaourtière d'eau au maximum. Installez les pots préalablement beurrés et répartissez-y la préparation jusqu'aux deux tiers. Fermez le couvercle de la yaourtière et lancez le **Programme 5** pour 25 min.

3. Laissez refroidir avant de démouler.

Ingrédients

200 g de chocolat noir en morceaux

50 g d'amandes concassées

50 g de noisettes concassées

70 g de beurre

20 g de purée d'amande

40 g de sucre de coco

15 g de stevia

3 œufs

3 c. à soupe de poudre d'amande

FONDANT AU CHOCOLAT, AMANDES ET NOISETTES

6 pots

10 MIN

30 MIN

445 KCAL

1. Dans une casserole, faites fondre le chocolat, le beurre et la purée d'amande. Incorporez le sucre de coco, la stevia, les œufs un à un et la poudre d'amande.

2. Remplissez la cuve de la yaourtière d'eau au maximum. Installez les pots préalablement beurrés et répartissez-y la préparation jusqu'aux deux tiers. Parsemez la surface de noisettes et d'amandes concassées. Fermez le couvercle de la yaourtière et lancez le **Programme 5** pour 30 min.

3. Laissez refroidir avant de démouler.

Ingrédients

1 orange bio

75 g de son d'avoine

120 g de farine

1 sachet de levure chimique

75 g de beurre
à température ambiante

75 g de sucre complet

3 œufs

MOELLEUX ORANGE-SON D'AVOINE

6 pots

10 MIN

30 MIN

295 KCAL

1. Prélevez le zeste et le jus de l'orange. Dans un saladier, mélangez la farine, la levure et le son d'avoine.

2. Dans un second saladier, fouettez le beurre et le sucre. Ajoutez les œufs un par un en mélangeant bien et en alternant avec le mélange d'ingrédients secs. Incorporez le zeste et le jus d'orange.

3. Remplissez la cuve de la yaourtière d'eau au maximum. Installez les pots préalablement beurrés et répartissez-y la préparation jusqu'à la moitié. Fermez le couvercle de la yaourtière et lancez le **Programme 5** pour 30 min.

4. Laissez refroidir avant de démouler.

SEB
Multi delices
OK

Ingrédients

6 rondelles d'ananas en morceaux

2 œufs

75 g de sirop d'agave

10 cl de lait écrémé 0 %

150 g de farine

1 sachet de levure chimique

80 g de beurre fondu

MOELLEUX À L'ANANAS

6 pots

10 MIN

35 MIN

280 KCAL

1. Dans un saladier, mélangez les œufs et le sirop d'agave. Ajoutez le lait, puis incorporez la farine, la levure et le beurre refroidi. Incorporez l'ananas.

2. Remplissez la cuve de la yaourtière d'eau au maximum. Installez les pots préalablement beurrés et répartissez-y la préparation jusqu'aux deux tiers. Fermez le couvercle de la yaourtière et lancez le **Programme 5** pour 35 min.

3. Laissez refroidir avant de démouler.

Ingrédients

125 g de framboises

2 bananes

2 petits œufs

60 g de sirop d'agave

35 g de beurre fondu

17 cl de boisson végétale à l'avoine

150 g de flocons d'avoine

60 g de noisettes concassées

1 c. à café de bicarbonate de soude

MOELLEUX FRAMBOISE-BANANE

6 pots

15 MIN

35 MIN

295 KCAL

1. Dans un saladier, fouettez les œufs et le sirop d'agave. Ajoutez le beurre fondu et la boisson à l'avoine.

2. Dans un second saladier, mélangez les flocons d'avoine, les noisettes, le bicarbonate et les bananes préalablement écrasées. Incorporez la préparation précédente et mélangez bien. Incorporez délicatement les framboises à la maryse pour ne pas les écraser (vous pouvez en réserver quelques-unes pour le décor).

3. Remplissez la cuve de la yaourtière d'eau au maximum. Installez les pots préalablement beurrés et répartissez-y la préparation. Fermez le couvercle de la yaourtière et lancez le **Programme 5** pour 35 min.

4. Laissez refroidir avant de démouler.

Ingrédients

50 g de noisettes concassées

30 g de poudre de noisette

3 œufs

3 c. à soupe de sirop d'agave

12,5 cl de boisson végétale à la noisette

3 cl d'huile de noisette

30 g de farine de châtaigne

80 g de farine

1 sachet de levure chimique

MOELLEUX À LA NOISETTE

6 pots

10 MIN

30 MIN

233 KCAL

1. Dans un saladier, fouettez les œufs et incorporez le sirop d'agave et la boisson végétale à la noisette, puis l'huile de noisette. Ajoutez les farines, la poudre de noisette et la levure et mélangez bien.

2. Remplissez la cuve de la yaourtière d'eau au maximum. Installez les pots préalablement beurrés et répartissez-y la préparation jusqu'aux deux tiers. Parsemez la surface de noisettes concassées. Fermez le couvercle de la yaourtière et lancez le **Programme 5** pour 30 min.

3. Laissez refroidir avant de démouler.

Ingrédients

150 g de potimarron en morceaux

¼ de fève tonka râpée

2 c. à soupe de crème épaisse légère

2 œufs

75 g de sirop d'agave

120 g de farine

1 c. à café de bicarbonate de soude

35 g de beurre fondu

MOELLEUX POTIMARRON-FÈVE TONKA

6 pots

25 MIN

30 MIN

190 KCAL

1. Faites cuire le potimarron 20 min dans un grand volume d'eau bouillante. Écrasez-le à la fourchette avec la crème épaisse et la fève tonka.

2. Dans un saladier, fouettez les œufs avec le sirop d'agave. Ajoutez la crème de potiron, puis la farine, le bicarbonate et le beurre fondu refroidi.

3. Remplissez la cuve de la yaourtière d'eau au maximum. Installez les pots préalablement beurrés et répartissez-y la préparation. Fermez le couvercle de la yaourtière et lancez le **Programme 5** pour 30 min.

4. Laissez refroidir avant de démouler.

Ingrédients

2 petites pommes type reinette épluchées en petits morceaux

1 yaourt nature 0 %

2 œufs

100 g de stevia

20 cl de lait fermenté type lait ribot

190 g de farine

1 sachet de levure chimique

MOELLEUX POMME-YAOURT

6 pots

10 MIN

35 MIN

243 KCAL

1. Dans un saladier, mélangez les œufs et la stevia, puis ajoutez le lait et le yaourt. Mélangez bien, ajoutez la farine, la levure et les pommes.

2. Remplissez la cuve de la yaourtière d'eau au maximum. Installez les pots préalablement beurrés et répartissez-y la préparation. Fermez le couvercle de la yaourtière et lancez le **Programme 5** pour 35 min.

3. Laissez refroidir avant de démouler.

SEB
Multi delices
yaourts express
yaourts
faisselles
desserts lactés
desserts moelleux
OK

Ingrédients

1 café long (environ 15 cl)

25 g de noix de pécan

2 œufs

70 g de sucre de coco

175 g de farine

1 sachet de levure chimique

65 g de beurre fondu

MOELLEUX CAFÉ-NOIX DE PÉCAN

6 pots

10 MIN

40 MIN

279 KCAL

1. Dans un saladier, fouettez les œufs et le sucre de coco, puis ajoutez la farine, la levure et le café. Incorporez le beurre fondu.

2. Remplissez la cuve de la yaourtière d'eau au maximum. Installez les pots préalablement beurrés et répartissez-y la préparation. Parsemez la surface de noix de pécan. Fermez le couvercle de la yaourtière et lancez le **Programme 5** pour 40 min.

3. Laissez refroidir avant de démouler.

Ingrédients

150 g de compote de pomme sans sucre ajouté

40 g de canneberges séchées

20 g de noisettes concassées

20 g de pistaches concassées

2 petits œufs

35 g de sirop d'agave

30 g de beurre fondu

110 g de farine

1 sachet de levure chimique

MOELLEUX COMPOTE-FRUITS SECS

6 pots

10 MIN

35 MIN

215 KCAL

1. Dans un saladier, mélangez les œufs, la compote, le sirop d'agave et le beurre fondu. Incorporez la farine, la levure et les canneberges séchées.

2. Remplissez la cuve de la yaourtière d'eau au maximum. Installez les pots préalablement beurrés et répartissez-y la préparation. Parsemez la surface de pistaches et noisettes. Fermez le couvercle de la yaourtière et lancez le **Programme 5** pour 35 min.

3. Laissez refroidir avant de démouler.

Index

Index

RETROUVEZ DANS LA MÊME COLLECTION :

TABLE DES ÉQUIVALENCES FRANCE-CANADA

Poids

55 g	2 onces	200 g	7 onces	500 g	17 onces
100 g	3 onces	250 g	9 onces	750 g	26 onces
150 g	5 onces	300 g	10 onces	1 kg	35 onces

Ces équivalences permettent de calculer le poids à quelques grammes près (en réalité, 1 once = 28 g).

Capacités

25 cl	1 tasse	75 cl	3 tasses
50 cl	2 tasses	1 l	4 tasses

Pour faciliter la mesure des capacités, une tasse équivaut ici à 25 cl (en réalité, 1 tasse = 8 onces = 23 cl).

ISBN : 978-2-03-599953-5
Photogravure : Nord Compo
Imprimé en Espagne par Estella Graficas
Dépôt légal : avril 2021
327850 – 11046330 – février 2021